원작 민쩌미

같은 이야기라도 민쩌미가 하면 다르다! 1인 다역 코미디 연기로 구독자들의 열렬한 지지와 사랑을 받고 있는 유튜브 채널. 사랑할 수밖에 없는 예측 불허 말괄량이 캐릭터인 주인공 민쩌미가 일상 이야기를 특유의 발랄함과 재치로 풀어 내며 깊은 공감과 밝은 웃음을 전한다. 온 가족이 함께 즐기는 채널을 만들기 위해 항상 노력 중이다.

초판 1쇄 인쇄 2023년 12월 7일
초판 1쇄 발행 2023년 12월 27일

원작 민쩌미
그림 최원선
본문 구성 김이슬

발행인 심정섭
편집인 안예남
편집팀장 이주희
편집 양선희
제작 정승헌
브랜드마케팅 김지선
출판마케팅 홍성현, 경주현
디자인 DESIGN PLUS

발행처 ㈜서울문화사
등록일 1988년 2월 16일
등록번호 제2-484
주소 서울시 용신구 새창로 221-19
전화 02-799-9196(편집)|02-791-0752(출판마케팅)

ISBN 979-11-6923-246-3
ISBN 979-11-6923-203-6(세트)

SANDBOX ©MJJM, ©SANDBOX NETWORK Inc. ALL RIGHTS RESERVED.
※본 상품은 ㈜샌드박스네트워크와의 정식 라이선스 계약에 의해
㈜서울문화사에서 제작, 판매하므로 무단 복제 및 전재를 금합니다.
※잘못된 제품은 구입하신 곳에서 교환해 드립니다.

민쩌미와 친구들 소개

민쩌미

긍정적인 에너지가 넘치는
매력덩어리 명랑 소녀.
높게 묶은 리본
모양 머리가
트레이드마크다.

민서니

민쩌미의 언니.
민쩌미와 종종
싸울 때도 있지만
위급한 순간에는
손발이 척척 맞는다.

민일

민쩌미의 남동생.
민쩌미, 민서니와는
티격태격하기도
하지만 그래도
누나들을 좋아한다.

영미서

민쩌미네 엄마.
완벽한 성격의
소유자이며,
집안 실세이다.

민현치

민쩌미네 아빠.
방귀쟁이에다가
엉뚱한 성격이다.

효율

민쩌미의 절친한 친구.
솔직하고 쿨한
성격의 소유자다.

심소해

민쩌미의 절친한 친구.
소심한 편이지만
상냥하고 착한 소녀다.

운태니

민쩌미의 오랜 친구.
민쩌미와 자주
티격태격하지만 뒤에서
민쩌미를 잘 챙겨 준다.

민쩌미

공차두

잘생긴 전학생.
축구를 잘하며
시크한 성격이다.

강한잼

개그 만점 친구.
재미있는 개그로
반 분위기를
주도한다.

궁궐

공부를 잘하는 친구.
책을 많이 읽으며
다방면의 지식이
풍부하다.

영어쌤

민쩌미가 속한 동아리
'영미문학탐구부'의
담당 교사.
깐깐한 성격이며
카리스마가 넘친다.

안재니

민서니의 단짝 친구.
말을 거침없이 하는
성격이다.

안대니

안재니의 동생이며
민일이와 같은 반 친구.
한사랑을 짝사랑하는
열혈 소년이다.

한사랑

민일이와
같은 반 친구.
일편단심 민일만을
짝사랑 중이다.

미소야쌤

민일이 반의
담임 선생님.
상냥하며 항상
미소를 짓는다.

차례

초등 1~2학년 필수 사자성어 ······ 9

견원지간 / 다다익선 / 다정다감 / 동문서답 / 동상이몽 / 무용지물 /
박장대소 / 백발백중 / 애지중지 / 역지사지 / 우왕좌왕 / 유비무환 /
유유상종 / 이구동성 / 이열치열 / 일석이조 / 자문자답 / 자업자득 /
자포자기 / 자화자찬 / 작심삼일 / 지피지기

초등 3~4학년 필수 사자성어 ······ 55

만장일치 / 묵묵부답 / 사면초가 / 산해진미 / 소탐대실 / 시시비비 /
용두사미 / 인과응보 / 일사천리 / 전전긍긍 / 전화위복 / 천고마비 /
춘하추동 / 칠전팔기 / 환골탈태

초등 5~6학년 필수 사자성어 ······ 87

감언이설 / 개과천선 / 견물생심 / 과유불급 / 금상첨화 / 동고동락 /
설상가상 / 속수무책 / 일취월장 / 일편단심 / 장유유서 / 전광석화 /
화룡점정

사자성어 퀴즈 ······ 114

정답 ······ 118

견원지간
犬猿之間
개 **견**　원숭이 **원**　갈 **지**　사이 **간**

[한자 뜻] 개와 원숭이의 사이.
옛날 사람들은 개와 원숭이가 서로 사이가 좋지 않다고 생각했대요. 그래서 사이가 매우 나쁜 관계를 가리킬 때 '견원지간'이라는 말을 써요.

사자성어 톡톡

비슷한 뜻의 사자성어가 또 있어?

개와 고양이의 사이를 뜻하는 말인 '견묘지간'도 비슷한 사자성어야.

다다익선
多多益善

많을 **다** 많을 **다** 더할 **익** 착할 **선**

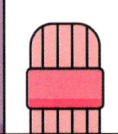

[한자 뜻] 많으면 많을수록 더욱 좋음.

중국 한나라의 장수 한신이 자신은 병사의 수가 많을수록 잘 지휘할 수 있다고 한 말에서 유래한 사자성어예요. 아무래도 병사의 수가 적은 것보다는 많은 게 더 유리하겠죠?

사자성어 톡톡

 반대의 뜻을 가진 사자성어도 있어?

응. 정도를 지나침은 미치지 못함과 같다는 뜻의 '과유불급'이 '다다익선'의 반대말이야.

다정다감
多情多感
많을 **다**　뜻 **정**　많을 **다**　느낄 **감**

[한자 뜻] 정이 많고 감정이 풍부함.
생각이 섬세하고 정이 많아서 다른 사람을 진심으로 배려하는 따뜻한 마음씨를 가진 사람을 표현할 때 '다정다감하다'고 말해요. 간단하게 '다정하다'고 말해도 의미가 비슷하지요.

'다정다감'과 비슷한 다른 표현도 있어요?

그럼~! '상냥하다', '곰살궂다', '나긋나긋하다' 같은 말도 '다정다감'과 비슷한 의미를 가진 표현이야.

동문서답
東問西答

동녘 **동**   물을 **문**   서녘 **서**   대답할 **답**

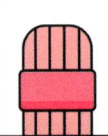

[한자 뜻] 동쪽을 묻는데 서쪽을 대답함.

질문을 이해하지 못하고 질문과 전혀 상관없는 엉뚱한 대답을 늘어놓는다는 뜻이에요. 동쪽에 관해 물었는데 서쪽에 관해 대답하면 물어본 사람은 참 난감하겠지요.

사자성어
톡톡

'동문서답'과 반대 의미를 가진 사자성어도 있을까?

어리석은 질문에 대해 현명한 대답을 한다는 뜻의 '우문현답'이 반대 의미를 가진 사자성어라고 할 수 있지.

동상이몽
同牀異夢
같을 **동** 평상 **상** 다를 **리/이** 꿈 **몽**

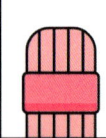

[한자 뜻] 같은 자리에서 자면서 다른 꿈을 꿈.
같은 침대에서 자더라도 꿈을 꿀 땐 모두 다른 꿈을 꾸지요. 이렇듯 겉으로는 같이 행동하면서도 속으로는 각각 딴생각을 하는 것을 뜻하는 사자성어가 바로 '동상이몽'이에요.

 비슷한 사자성어가 있을까?

'동상각몽'도 비슷한 의미를 가진 사자성어야.

무용지물
無用之物
없을 **무**   쓸 **용**   갈 **지**   만물 **물**

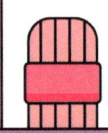

[한자 뜻] 쓸모없는 물건이나 사람.
존재하지만 용도가 없는, 값어치를 못 하는 물건을 뜻하는 사자성어예요. 원래의 목적이 없어져서 다시 이용할 수 없는 것을 가리키는 말로, 부정적인 의미가 담겼지요.

사자성어 톡톡

'무용지물'의 반대말은 뭐야?

아무 쓸모없는 것처럼 보이지만 오히려 큰 쓸모가 있다는 뜻의 '무용지용'이야.

박장대소
拍 掌 大 笑

손뼉칠 **박** 손바닥 **장** 큰 **대** 웃을 **소**

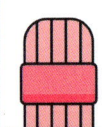 

 [한자 뜻] 손뼉을 치며 크게 웃음.
아주아주 웃기거나 재미있는 일이 있을 때는 손뼉을 치며 크게 웃기도 하죠. 이럴 때 쓰는 말이 바로 '박장대소'예요.

 비슷한 뜻의 사자성어가 또 있을까요?

'파안대소'라는 말이 있어. 얼굴이 찢어질 정도로 크게 웃는다는 뜻이 담긴 사자성어지.

아이고, 세상에! 하하하하!

아빠, 왜 그렇게 박장대소하시는 거예요?

아니, 저 코미디언이 말이야…. 너무 웃겨서, 크흐흐흐….

숨은 그림 찾기 — 날개, 안경

백발백중
百發百中

일백 **백**   필 **발**   일백 **백**   가운데 **중**

[한자 뜻] 백 번 쏘아 백 번 맞힘.

총이나 활 같은 것을 쏠 때마다 겨눈 곳에 다 맞는다는 뜻을 가진 사자성어로, 무슨 일이든지 틀림없이 잘 들어맞을 때 쓰는 말이에요.

사자성어 톡톡

'겨누다'는 무슨 말이야?

활이나 총 같은 것을 쏠 때 목표물을 향해 방향과 거리를 잡는 걸 '겨누다'라고 해.

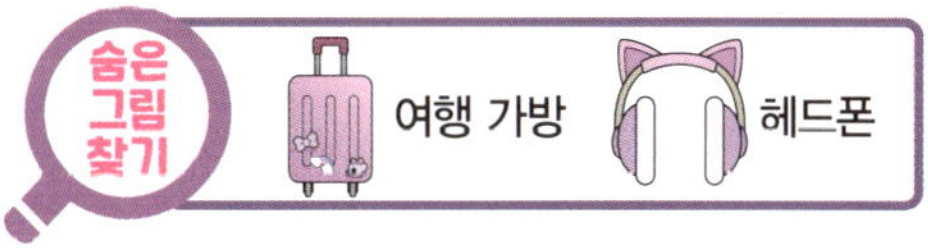

애 지 중 지
愛 之 重 之
사랑 **애**　갈 **지**　무거울 **중**　갈 **지**

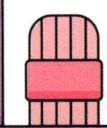

[한자 뜻] 매우 사랑하고 소중히 여기는 모양.
부모님이 자식을 귀중히 여기고 돌보는 모습이나 자기가 아끼는 물건, 또는 비싸고 귀한 보물 등을 소중히 보관하는 모습을 가리킬 때 쓰는 말이에요.

사자성어 톡톡

귀중히 여긴다는 게 무슨 뜻이야?

아주 귀하고 중요하게 대한다는 뜻이야.

역지사지
易地思之
바꿀 **역**   땅 **지**   생각 **사**   갈 **지**

[한자 뜻] 처지를 바꾸어서 생각하여 봄.

상대방의 입장에서 생각해 보고 이해하라는 뜻이 담긴 사자성어예요. 내 마음대로 생각하지 않고 다른 사람의 입장이 되어 본다면 조금 더 그 사람을 배려할 수 있겠지요?

 '처지'가 뭐야?

어떤 사람이 놓인 상황을 뜻하는 말이야. '입장', '사정'과 비슷한 말이지.

이상하다?
강한잼 오늘
왜 이렇게 조용해?

시무룩..

궁궐이랑 다퉜나 봐.
궁궐도 시무룩해
보이더라.

정말?
난 그것도 모르고
화를 냈네.
얼마나 아프면
그랬을까….

사실 오늘
궐이가 몸이 좀 아프대.
그래서 날카롭게 반응한 것 같아.
아프면 좀 예민해지잖아.
역지사지로 생각해 봐.

숨은
그림
찾기

거울   헤어롤

우왕좌왕
右往左往

오른쪽 **우**　갈 **왕**　왼쪽 **좌**　갈 **왕**

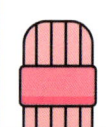 [한자 뜻] 오른쪽으로 갔다가 왼쪽으로 감.
나아갈 방향을 정하지 못해서 이리저리 왔다 갔다 하는 모습을 가리키는 말이에요. 갈 방향을 모르면 이쪽으로 갔다가 저쪽으로 갔다가 하며 헤맬 수밖에 없겠지요.

사자성어 톡톡

 비슷한 표현이 또 있을까요?

방향을 잡지 못하고 이리저리 헤매는 모양을 가리키는 말인 '갈팡질팡'이라는 표현이 있지.

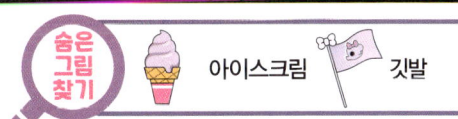

유비무환
有備無患
있을 **유**　갖출 **비**　없을 **무**　근심 **환**

[한자 뜻] 미리 준비가 되어 있으면 걱정할 것이 없음.
어떤 어려운 일이 있어도 미리미리 준비를 잘해 두면 괜찮다는 뜻을 가진 사자성어예요. 어떤 일을 앞두고 걱정하거나 나중에 후회하기보다는 미리 준비하는 게 마음이 편하겠지요?

사자성어 톡톡

비슷한 사자성어가 또 있을까요?

교활한 토끼는 세 개의 숨을 굴을 파 놓는다는 뜻을 가진 '교토삼굴'이 비슷한 사자성어야.

유비무환이지! 난 열심히 공부했거든!

오늘 영어 시험 잘 볼 수 있을까?

나는 공부를 별로 못했어…. 그런데 율아, 너는 걱정 안 되나 봐?

와, 율이는 진짜 공부 열심히 했나 봐. 답을 거침없이 쓰네!

숨은 그림 찾기 — 폭죽, 모니터

유유상종
類類相從

무리 **류/유**　무리 **류/유**　서로 **상**　좇을 **종**

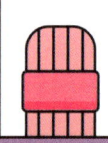

[한자 뜻] 같은 무리끼리 서로 사귐.

비슷한 성격이나 성품을 가진 사람들끼리 모이고 사귀는 모습을 가리키는 말이에요. 아무래도 성격이 정반대인 사람보다는 비슷한 사람과 어울리는 것이 더 자연스러운 경우가 많겠지요.

사자성어 톡톡

'성품'은 뭐야?

사람의 됨됨이, 마음씨 같은 것을 가리키는 말이야.

이구동성
異 口 同 聲
다를 **리/이** 입 **구** 같을 **동** 소리 **성**

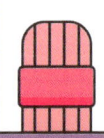

[한자 뜻] 입은 다르나 목소리는 같음.
여러 사람의 의견이 같을 때 '이구동성'이라는 표현을 써요. 사람마다 생각이 다른 경우는 많지만, 많은 사람이 똑같은 생각을 하며 같은 말을 하는 것은 드문 일이지요.

사자성어 톡톡

비슷한 사자성어가 있을까요?

한 입에서 나오는 것처럼 여러 사람의 말이 같다는 뜻을 가진 '여출일구'가 있어.

이열치열
以熱治熱
써 **이** 더울 **열** 다스릴 **치** 더울 **열**

[한자 뜻] 열은 열로써 다스림.

열이 날 때에 땀을 더 내거나 뜨거운 차를 마시는 것처럼 더운 것으로 더운 것을 이겨 낸다는 뜻을 가진 사자성어예요. 상대방이 어떤 수단을 썼을 때 그것과 같은 방법으로 대응하는 것도 '이열치열'이라고 표현하지요.

사자성어 톡톡

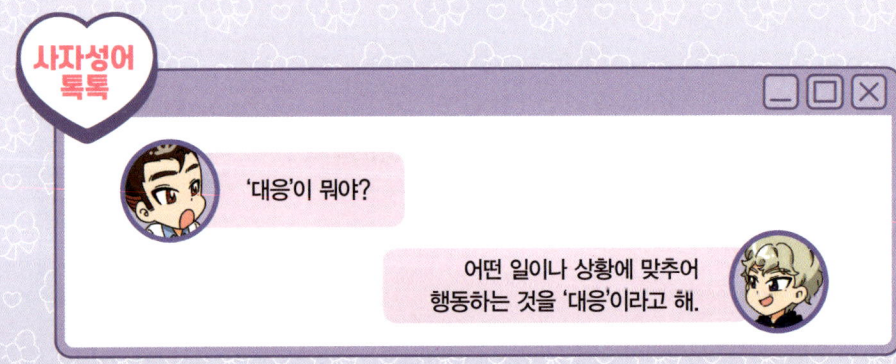

'대응'이 뭐야?

어떤 일이나 상황에 맞추어 행동하는 것을 '대응'이라고 해.

일석이조
一 石 二 鳥
하나 일 돌 석 두 이 새 조

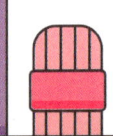 **[한자 뜻]** 돌 한 개를 던져 새 두 마리를 잡음.
어떤 일을 하고 동시에 두 가지 이득을 볼 때 쓰는 말이에요. 한 가지 일을 했는데 이득이 두 가지나 생기면 기분이 무척 좋겠지요?

 비슷한 사자성어가 있을까요?

유사한 뜻을 가진 '일거양득'이라는 사자성어가 있단다.

자문자답
自問自答
스스로 **자** 물을 **문** 스스로 **자** 대답할 **답**

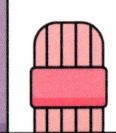

[한자 뜻] 스스로 묻고 스스로 대답함.

질문을 할 때는 보통 상대방이 답을 해 주기를 바라지요. 그런데 질문을 한 다음 상대방의 답을 듣지 않고 스스로 대답하는 경우도 있어요. 이럴 때 '자문자답'이라는 표현을 써요.

 비슷한 사자성어가 있어?

스스로 거문고를 타며 노래를 부른다는 뜻을 가진 '자탄자가'가 있지.

자업자득
自業自得
스스로 **자**   업 **업**   스스로 **자**   얻을 **득**

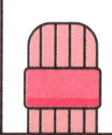
[한자 뜻] 자기가 저지른 일의 결과를 자기가 받음.
자신이 저지른 일의 결과를 스스로 받아들인다는 뜻을 가진 사자성어로, 부정적인 의미를 담은 표현이에요. 좋지 않은 일을 하면 좋지 않은 결과를 얻을 수밖에 없다는 뜻이지요.

 **사자성어 톡톡**

 비슷한 사자성어가 있을까?

자기의 줄로 자기 몸을 옭아 묶는다는 뜻을 가진 '자승자박'이 비슷한 사자성어야.

자포자기
自暴自棄

스스로 **자** 사나울 **포** 스스로 **자** 버릴 **기**

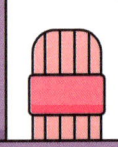

[한자 뜻] 절망에 빠져 자신을 스스로 포기하고 돌아보지 않음.

어떤 일이 닥쳤을 때 노력하지 않고 미리 포기해 버린다는 뜻의 사자성어예요. 아직 결과가 나오지도 않았는데, 미리 결과가 나쁠 거라고 짐작하고 포기한다면 당연히 좋지 않은 결과를 얻을 수밖에 없겠지요.

사자성어 톡톡

'짐작'이 뭐야?

어떤 일이 일어날 것이라고 어림잡아 생각하는 거야.

 포스터  안경

자화자찬
自畫自讚

스스로 **자** 그림 **화** 스스로 **자** 기릴 **찬**

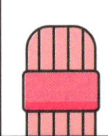 **[한자 뜻]** 자기가 그린 그림을 스스로 칭찬함.

자기가 한 일을 자기가 자랑한다는 뜻을 가진 말이에요. 스스로를 자랑스러워하는 것은 좋지만 자아도취되어 지나치게 자랑하면 다른 사람들이 눈살을 찌푸릴지도 몰라요.

 '자아도취'는 뭐야?

스스로에게 황홀하게 빠져드는 것을 뜻하는 말이야.

작심삼일
作 心 三 日
지을 **작** 마음 **심** 석 **삼** 날 **일**

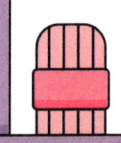

[한자 뜻] 단단히 먹은 마음이 사흘을 가지 못함.

결심한 일을 사흘밖에 지켜 내지 못하고 금방 포기해 버린다는 뜻을 담은 사자성어예요. 어떤 일을 '작심삼일'하지 않고 끝까지 이루려면 아주 굳은 마음가짐이 필요하겠지요?

사자성어 톡톡

'사흘'은 '4일'을 뜻하는 말이에요?

아니야. '사흘'은 '3일'을 뜻하는 말이지.
'4일'을 뜻하는 말은 '나흘'이란다.

지피지기
知彼知己
알**지** 저**피** 알**지** 몸**기**

[한자 뜻] 적의 사정과 나의 사정을 자세히 앎.

적과 나의 약점과 강점을 충분히 안다면 적을 상대할 때도 두렵지 않겠지요? '지피지기'는 '백전백승'이라는 말과 같이 쓰는 경우가 많아요. '지피지기면 백전백승이다'라는 표현에는 적과 나를 잘 알면 백 번을 싸워도 백 번 다 이길 수 있다는 뜻이 있지요.

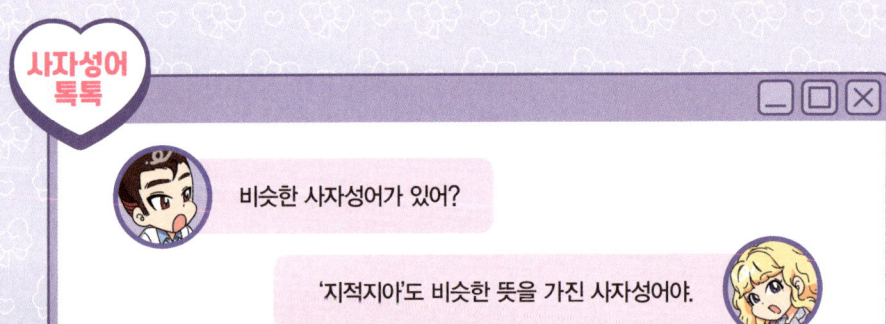

사자성어 톡톡

비슷한 사자성어가 있어?

'지적지아'도 비슷한 뜻을 가진 사자성어야.

사자성어 다지기 1

사다리를 타고 내려가서 뜻에 맞는 사자성어를 연결해 보세요.

| 많으면 많을수록 더욱 좋음 | 입은 다르나 목소리는 같음 | 동쪽을 묻는데 서쪽을 대답함 | 미리 준비가 되어 있으면 걱정할 것이 없음 |

| 동문서답 | 이구동성 | 유비무환 | 다다익선 |

만장일치
滿 場 一 致
찰 **만**   마당 **장**   하나 **일**   이를 **치**

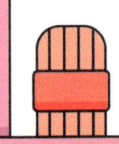

[한자 뜻] 모든 사람의 의견이 같음.
어떤 결정을 할 때 사람들은 질문을 하거나 투표를 통해 의견을 모으지요. 이럴 때 다른 의견 없이 모든 사람의 뜻이 같은 상황을 '만장일치'라고 해요.

사자성어 톡톡

비슷한 사자성어가 있어?

많은 사람의 의견이 같다는 뜻의 '만구일담'이 있지.

묵묵부답
默默不答
잠잠할 **묵** 잠잠할 **묵** 아닐 **불/부** 대답할 **답**

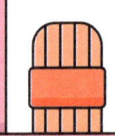

[한자 뜻] 묻는 말에 입을 다문 채 대답이 없음.
질문을 했을 때 침묵하고 대답하지 않는 것도 '대답을 하고 싶지 않다'는 답이 될 수 있겠지요. 질문한 사람은 좀 답답하겠지만요.

사자성어 톡톡

 묵묵부답에서 '不'는 왜 '불'이 아닌 '부'로 읽는 거예요?

 '아닐 불(不)'은 바로 뒤에 오는 글자의 발음이 ㄷ과 ㅈ으로 시작하면 '부'라고 읽거든. 그 외에는 모두 '불'로 읽어.

어제는 뭐 하다 그렇게 늦게 들어온 거야? 민서니, 대답 안 해?

조용…

……

묵묵부답하지 말고 대답해!

……

큰누나한테 말 못 할 비밀이 있나 봐요.

그러게….

숨은 그림 찾기: 쿠션, 머리띠

사면초가
四面楚歌

넉 사　　낯 면　　가시나무/초나라 초　노래 가

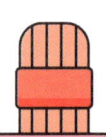

[한자 뜻] 사방에서 초나라의 노래가 들림.

초나라 항우가 사방을 에워싼 한나라 군대 안에서 초나라의 노랫소리를 듣고 초나라 군사가 이미 항복한 줄 알고 놀랐다는 데서 유래하는 사자성어예요. 아무에게도 도움을 받지 못하는, 외롭고 곤란한 상황을 표현하는 말이지요.

사자성어 톡톡

 비슷한 사자성어가 있을까?

혼자 떨어져 도움을 받을 데가 없다는 뜻의 '고립무원'이 있어.

산해진미
山 海 珍 味
메 **산** 바다 **해** 보배 **진** 맛 **미**

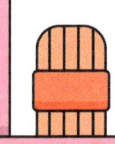

[한자 뜻] 산과 바다에서 나는 귀하고 값진 음식.

산과 바다에서 나는 음식뿐만 아니라, 온 세상에서 나는 진귀하고 값진 음식을 가리키는 말이에요. 귀한 재료로 만들어서 접하기 어렵고 아주 맛이 있는 음식을 '산해진미'라고 하지요.

사자성어 톡톡

 '진귀하다'는 어떨 때 쓰는 말이야?

아주 보기 드물어서 귀한 걸 가리킬 때 '진귀하다'고 말해.

 과일 바구니 화장품

소탐대실
小貪大失
작을 **소** 탐할 **탐** 큰 **대** 잃을 **실**

[한자 뜻] 작은 것을 탐하다가 큰 것을 잃음.
어떤 것에 욕심을 내다가 오히려 더 많은 것을 잃어 본 적이 있나요? 욕심 때문에 이런 어리석은 행동을 해서 손해를 보는 상황을 '소탐대실'이라고 해요.

사자성어 톡톡

반대말은 뭐야?

작은 것을 버리고 큰 것을 가진다는 뜻의 '사소취대'가 '소탐대실'의 반대말이지.

유통 기한이 지났는데, 버리기 아까우니까 그냥 먹어야겠다!

흐음….

안 먹는 게 좋을 텐데….

아깝다고 상한 음식 먹었다가 병원비가 더 많이 나왔어!

소탐대실이구나….

숨은 그림 찾기 — 과자, 안경

시시비비
是 是 非 非
옳을 시 옳을 시 아닐 비 아닐 비

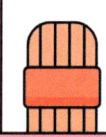

[한자 뜻] 여러 가지의 잘잘못.

어떤 상황에서 무엇이 옳은지 그른지 판단하려 할 때 '시시비비'라는 말을 써요. 하지만 세상에는 옳고 그름이 명확하지 않아 '시시비비'를 가려내는 것이 어려운 경우가 많답니다.

사자성어 톡톡

'가려내다'는 무슨 말이에요?

여러 가지 중에서 어떤 것을 고르거나 진실을 밝히는 것을 뜻하는 말이야.

용두사미
龍頭蛇尾

용 **룡/용**　머리 **두**　뱀 **사**　꼬리 **미**

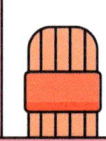 **[한자 뜻]** 용의 머리와 뱀의 꼬리.
시작은 용의 머리처럼 대단하지만 끝은 뱀의 꼬리처럼 보잘것없다는 뜻이에요. 시작할 때는 좋았지만 갈수록 나빠지는 것을 가리킬 때 쓰는 말이지요.

 사자성어 톡톡

 '보잘것없다'는 무슨 말이야?

볼만한 가치가 없을 정도로 하찮은 것을 '보잘것없다'고 표현해. '빈약하다'도 비슷한 의미를 가진 말이야.

인과응보
因果應報
인할 **인** 열매 **과** 응할 **응** 갚을 **보**

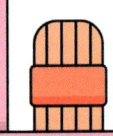

[한자 뜻] 원인과 결과는 서로 관련이 있음.

전생에 죄를 지었으면 현재 불행한 삶을 살게 되지만, 전생에 선행을 베풀었으면 현재 행복한 삶을 산다는 뜻의 사자성어예요. 즉, 어떻게 살았느냐에 따라 자신의 삶이 달라진다는 뜻이지요.

사자성어 톡톡

 비슷한 사자성어가 있어?

자기가 저지른 일의 결과를 자기가 받는다는 뜻의 '자업자득'이 비슷한 말이야. 하지만 '인과응보'와 달리 나쁜 일을 한 경우에만 써.

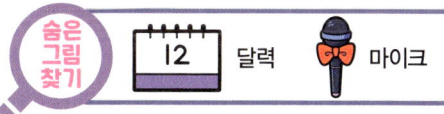

일사천리
一 瀉 千 里

하나 **일** 쏟을 **사** 일천 **천** 마을 **리**

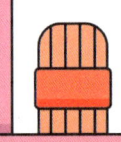

[한자 뜻] 강물이 빨리 흘러서 금세 천 리를 감.

천 리는 약 400km 정도로, 아주 먼 거리를 뜻하는 말이에요. 강물이 금세 천 리를 간다면 정말 빠르게 흘러간 거겠지요? 이렇게 어떤 일이 거침없이 빠르게 진행될 때 '일사천리'라는 말을 써요.

사자성어 톡톡

비슷한 사자성어가 있을까요?

'쾌도난마'가 비슷한 말이야. 어지럽게 뒤얽힌 일을 강력한 힘으로 명쾌하게 처리한다는 뜻의 사자성어지.

전전긍긍
戰 戰 兢 兢
싸울 **전** 싸울 **전** 조심할 **긍** 조심할 **긍**

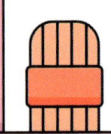 **[한자 뜻]** 몹시 두려워서 벌벌 떨며 조심함.
'전전'은 겁을 먹고 벌벌 떠는 것을, '긍긍'은 조심스럽게 몸을 움츠리는 것을 의미해요. 즉 '전전긍긍'은 두려워하거나 긴장하여 조심스럽게 행동하는 모습을 뜻하는 말이지요.

사자성어 톡톡

 비슷한 표현이 있을까요?

마음이 초조하고 불안하여 어찌할 줄 모르는 모양을 뜻하는 말인 '안절부절'도 비슷한 표현이라고 할 수 있지.

음?

여, 여보….

흥!

엄마랑 아빠한테 무슨 일 있어? 아빠가 엄마 눈치를 보면서 전전긍긍하시던데.

나도 잘 모르지만 아빠가 뭔가 잘못한 게 있는 것 같아.

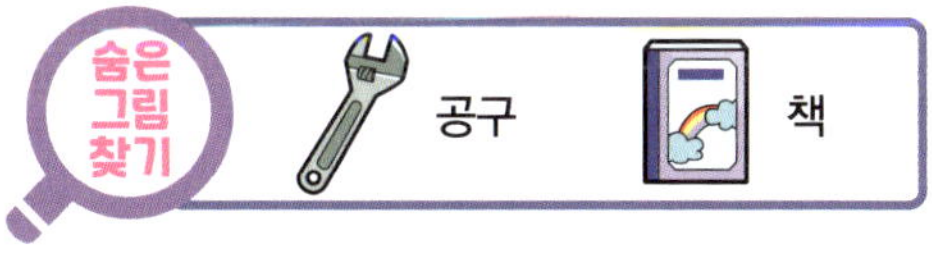

숨은 그림 찾기 공구 책

전화위복
轉 禍 爲 福

구를 **전**　재앙 **화**　할 **위**　복 **복**

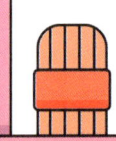

[한자 뜻] 재앙과 근심, 걱정이 바뀌어 오히려 복이 됨.

안 좋은 일이 일어났지만 열심히 노력했더니 오히려 그것이 더 좋은 일로 변하는 상황을 '전화위복'이라고 해요. 그러니까 나쁜 일이 일어나도 포기하지 말고 끝까지 최선을 다해야겠지요?

사자성어 톡톡

 비슷한 사자성어가 있나요?

뜻이 완전히 같지는 않지만 좋은 일과 나쁜 일은 쉽게 변해서 예측하기 어렵다는 뜻의 '새옹지마'에도 비슷한 의미가 있어요.

천고마비
天高馬肥
하늘 천 높을 고 말 마 살찔 비

[한자 뜻] 하늘이 높고 말이 살찜.

가을이 되면 하늘이 높고 푸르며 곡식이 무르익지요. 그래서 말도 살이 찔 정도로 먹을 것이 풍성해져요. 이런 가을의 풍요로움을 잘 나타내는 사자성어가 바로 '천고마비'예요.

사자성어 톡톡

 '풍요롭다'는 무슨 말이야?

어떤 것이 아주 넉넉하게 많이 있다는 뜻을 담은 표현이지.

 숨은그림찾기 카메라 핸드폰

춘하추동
春夏秋冬
봄 춘   여름 하   가을 추   겨울 동

[한자 뜻] 봄, 여름, 가을, 겨울의 네 계절.

계절을 뜻하는 한자가 모두 모여 사계절, 즉 일 년을 뜻하는 말이에요. 봄, 여름, 가을, 겨울 중 여러분이 가장 좋아하는 계절은 무엇인가요?

사자성어 톡톡

 비슷한 표현이 있을까?

사계절을 의미하는 말인 '사시사철'이 있지.

 주스  향수

칠전팔기
七 顚 八 起

일곱 **칠** 머리/넘어질 **전** 여덟 **팔** 일어날 **기**

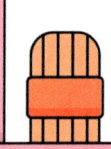 **[한자 뜻]** 일곱 번 넘어지고 여덟 번 일어남.
여러 번 실패해도 포기하지 않고 계속 노력하는 모습을 표현한 사자성어예요. 쉽게 좌절하지 않고 끈기 있게 도전한다면, 언젠가는 원하는 것을 이룰 수 있겠지요?

사자성어 톡톡

 비슷한 사자성어는 뭐야?

어떠한 난관에도 결코 굽히지 않는다는 뜻의 '백절불굴'이 '칠전팔기'와 비슷한 사자성어야.

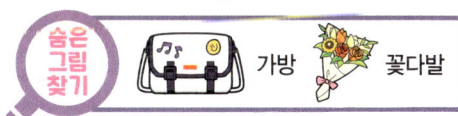

환골탈태
換骨奪胎
바꿀 **환**　뼈 **골**　빼앗을 **탈**　아이 밸 **태**

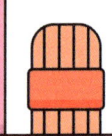

[한자 뜻] 뼈를 바꾸고 태를 벗음.

뼈를 바꾸고 태를 벗으면 완전히 새로운 사람이 되겠지요? 이렇게 어떤 사람이 더 나은 방향으로 변해서 전혀 딴사람이 되었을 때 '환골탈태'라는 말을 써요.

사자성어 톡톡

비슷한 표현이 있을까요?

몸의 모양이나 태도 등을 바꾼다는 의미의 '변신'도 비슷한 표현이라고 할 수 있지.

목도리　거울

사자성어 다지기 2

대사 속 빈칸에 들어갈 알맞은 사자성어를 고르세요.

① 칠전팔기
② 인과응보
③ 시시비비
④ 일사천리

감언이설
甘言利說
달 **감**   말씀 **언**   이로울 **리/이**   말씀 **설**

 **[한자 뜻]** 달콤한 말과 이로운 말.
상대방을 현혹시키려고 달콤한 말과 이득이 될 만한 말로 속인다는 뜻이에요. 그러니 듣기 좋은 말만 하는 사람은 항상 조심해야겠지요.

 사자성어 톡톡

 비슷한 표현이 또 있을까요?

남의 비위를 맞추려는 달콤한 말이라는 뜻을 가진 '사탕발림'도 비슷한 표현이라고 할 수 있어.

개과천선
改過遷善
고칠 **개** 지날 **과** 옮길 **천** 착할 **선**

[한자 뜻] 지난날의 잘못이나 허물을 고쳐 올바르고 착하게 됨.

누구나 잘못을 할 수 있지요. 하지만 중요한 것은 앞으로 어떻게 살아가느냐가 아닐까요? 잘못을 저질렀어도 반성하고 그것을 고쳐 더 나은 사람이 되는 것, 이게 바로 '개과천선'이에요.

사자성어 톡톡

'개과천선'의 반대말도 있어요?

'세 살 적 버릇이 여든까지 간다'는 말이 있어. 사람은 좀처럼 달라지기 어렵다는 뜻을 담은 속담이지.

견물생심
見 物 生 心
볼 **견**　만물 **물**　날 **생**　마음 **심**

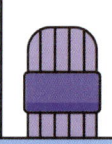

[한자 뜻] 어떠한 물건을 실제로 보게 되면 그것을 가지고 싶은 마음이 생김.

어떤 물건을 보자마자 욕심이 생겼던 적이 있나요? '견물생심'은 이럴 때 쓰는 말이에요. 욕심이 생기지 않게 경계하고 절제하는 마음을 가지라는 교훈을 담은 사자성어이지요.

사자성어 톡톡

'절제'의 뜻은 뭐야?

정도에 넘지 않도록 알맞게 조절하고 제한하는 거야.

서니야, 나 옷 사려고 하는데, 나랑 같이 쇼핑 갈래?

나 돈 없는데…. 그럼 나는 구경만 할게!

아, 괜히 왔다. 견물생심이라고 직접 보니까 사고 싶네….

숨은 그림 찾기

배드민턴 채 셔틀콕

과유불급
過猶不及

지날 **과** 원숭이 **유** 아닐 **불** 미칠 **급**

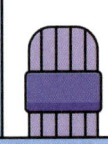

[한자 뜻] 정도를 지나침은 미치지 못함과 같음.

어떤 일을 할 때 욕심을 부리게 되는 경우가 있지요. 하지만 지나친 것은 결국 부족한 것과 마찬가지로 좋지 않아요. 뭐든지 딱 적당한 정도로 하는 게 중요하답니다.

사자성어 톡톡

'과유불급'의 반대말은 뭘까?

많으면 많을수록 좋다는 뜻의 '다다익선'이겠지?

금상첨화
錦 上 添 花
비단**금** 위**상** 더할**첨** 꽃**화**

[한자 뜻] 비단 위에 꽃을 더함.
비단도 좋은데, 거기에다 꽃까지 더한다니 얼마나 좋을까요? '금상첨화'는 좋은 일 위에 또 좋은 일이 더해져서 아주 좋다는 뜻을 가진 사자성어예요.

사자성어 톡톡

반대말은 뭐야?

'설상가상'이 반대말이지. 난처한 일이나 불행한 일이 잇따라 일어난다는 뜻이니까.

동고동락
同 苦 同 樂
같을 **동**   괴로울 **고**   같을 **동**   즐길 **락**

[한자 뜻] 괴로움도 즐거움도 함께함.

살다 보면 괴로운 일이 일어날 때도 있고, 반대로 즐거운 일이 생길 수도 있지요. 괴롭거나 즐겁거나 어떤 상황에서도 한결같이 함께하는 사이를 '동고동락'하는 사이라고 말해요.

사자성어 톡톡

 반대말은 뭐야?

필요할 때는 쓰고 필요 없을 때는 냉정하게 버리는 경우를 뜻하는 '토사구팽'이 '동고동락'의 반대말이야.

설상가상
雪上加霜
눈 **설**　위 **상**　더할 **가**　서리 **상**

[한자 뜻] 눈 위에 서리가 덮임.

눈길 위에 서리가 덮이면 길이 더욱 미끄러워지겠지요? 이렇듯 곤란한 일이 일어났는데 연달아서 또 난처한 일이 생긴 상황을 '설상가상'이라고 해요.

사자성어 톡톡

비슷한 사자성어가 있어?

앞문에서 호랑이를 막고 있는데 뒷문으로 이리가 들어온다는 뜻의 '전호후랑'이 비슷한 사자성어야.

속수무책
束手無策
묶을 **속**   손 **수**   없을 **무**   꾀 **책**

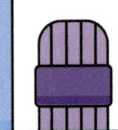

[한자 뜻] 손이 묶인 것처럼 꼼짝 못 함.

손이 묶이면 할 수 있는 일이 줄어들어서 답답하겠지요. 이렇듯 손이 묶인 것처럼 무언가를 해결할 방법이 없어 답답한 상황을 '속수무책'이라고 해요.

사자성어 톡톡

비슷한 사자성어는 뭐야?

달리 어찌할 방법이 없다는 뜻의 '무가내하'가 '속수무책'과 비슷한 말이야.

일취월장
日 就 月 將

날 **일**　나아갈 **취**　달 **월**　장수 **장**

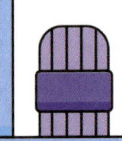

[한자 뜻] 날마다 이루고, 달마다 달성함.

끊임없이 노력하여 매일매일 성장하고 발전하는 것을 '일취월장'이라고 해요. 여러분도 매일 조금씩 공부하면 사자성어의 달인이 될 수 있을 거예요.

사자성어 톡톡

비슷한 사자성어가 또 있어?

'일진월보'도 '일취월장'과 뜻이 거의 비슷한 사자성어야.

일편단심
一 片 丹 心
하나 **일** 조각 **편** 붉을 **단** 마음 **심**

 **[한자 뜻]** 한 조각의 붉은 마음.
진심에서 우러나와 변하지 않는 마음을 가리키는 말이에요. 어떤 사람만을 진심으로 좋아하거나 다른 것에 흔들리지 않고 한 사람에게만 충성할 때 '일편단심'이라는 말을 써요.

사자성어
톡톡

'일편단심'의 반대말은 뭐예요?

세상이 변하는 대로 따라 변한다는 뜻의 '여세추이'가 '일편단심'의 반대말이야.

장유유서
長幼有序

길 **장**　어릴 **유**　있을 **유**　차례 **서**

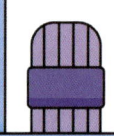

[한자 뜻] 어른과 어린이 사이에는 엄격한 차례가 있고 지켜야 할 질서가 있음.

유교의 기본 윤리 중 하나예요. 어린이는 어른을 손윗사람으로 공경해야 하며, 어른은 어린이를 보살피고 가르쳐야 한다는 뜻을 담은 말이지요.

사자성어 톡톡

 '손윗사람'이 뭐야?

나이나 항렬이 자기보다 위이거나 높은 사람을 가리키는 말이야.

전광석화
電 光 石 火
번개 **전** 빛 **광** 돌 **석** 불 **화**

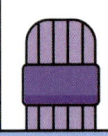

[한자 뜻] 번갯불이나 부싯돌의 불이 번쩍거리는 것.

번갯불이나 부싯돌의 불이 번쩍거리는 것처럼 매우 짧은 시간에 일어나는 일이나, 그만큼 재빠르게 움직이는 것을 비유적으로 표현한 말이 바로 '전광석화'예요.

사자성어 톡톡

 비슷한 표현이 있을까요?

 '눈 깜짝할 사이'라는 우리말 표현이 '전광석화'와 비슷한 표현이라고 할 수 있지.

화룡점정
畫龍點睛

그림 **화**   용 **룡**   점찍을 **점**   눈동자 **정**

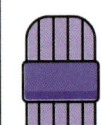

[한자 뜻] 용 그림을 그린 뒤 눈동자에 점을 찍음.

무슨 일을 하는 데에 가장 중요한 부분을 완성하는 것을 비유적으로 이르는 말이에요. 용을 그리고 난 뒤에 마지막으로 눈동자를 그려 넣었더니 그 용이 실제 용이 되어 구름을 타고 하늘로 날아갔다는 고사에서 유래하는 사자성어이지요.

사자성어 톡톡

반대말도 있어?

거의 이루어진 일을 중지하여 오랜 노력이 아무 보람도 없게 되었다는 뜻의 '공휴일궤'가 '화룡점정'의 반대말이야.

사자성어 퀴즈

 **퀴즈 1**

아래의 뜻을 보고 빈칸에 들어갈 알맞은 글자를 찾아보세요.

용의 머리와 뱀의 꼬리. 시작은 용의 머리처럼 대단하지만 끝은 뱀의 꼬리처럼 보잘것없다는 뜻이에요.

용두 ☐ 미

❶ 일　　❷ 어　　❸ 사　　❹ 복

 **퀴즈 2**

다음 중 동물을 뜻하는 한자가 들어가지 않은 사자성어를 골라 보세요.

❶ 견원지간　　❷ 춘하추동

❸ 일석이조　　❹ 천고마비

 **퀴즈 3** 사자성어와 알맞은 한자 뜻을 연결해 보세요.

박장대소 ♥   ♥ 일곱 번 넘어지고 여덟 번 일어남

감언이설 ♥   ♥ 달콤한 말과 이로운 말

칠전팔기 ♥   ♥ 강물이 빨리 흘러서 금세 천 리를 감

일사천리 ♥   ♥ 손뼉을 치며 크게 웃음

 **퀴즈 4** 아래의 초성을 보고, 어떤 사자성어인지 맞혀 보세요.

ㅇ ㅇ ㅅ ㅈ

같은 무리끼리 서로 사귐.
비슷한 성격이나 성품을 가진 사람들끼리 모이고 사귀는
모습을 가리키는 말이에요.

 아래의 사자성어를 보고 알맞은 뜻을 고르세요.

전화위복

❶ 재앙과 근심, 걱정이 바뀌어 오히려 복이 됨

❷ 어른과 어린이 사이에는 엄격한 차례가 있고 지켜야 할 질서가 있음

❸ 같은 자리에서 자면서 다른 꿈을 꿈

❹ 자기가 저지른 일의 결과를 자기가 받음

 다음 중 서로 반대말끼리 연결되지 않은 것을 찾아보세요.

❶ 과유불급 - 다다익선

❷ 개과천선 - 만장일치

❸ 금상첨화 - 설상가상

❹ 동고동락 - 토사구팽

퀴즈 7 빈칸에 들어갈 알맞은 사자성어를 고르세요.

❶ 전광석화

❷ 화룡점정

❸ 시시비비

❹ 무용지물

퀴즈 8 아래 설명을 읽고 빈칸에 알맞은 글자를 써 보세요.

날마다 이루고, 달마다 달성한다는 뜻의 사자성어예요.
끊임없이 노력하여 매일매일 성장하고 발전하는 것을 의미하지요.

일 월

 민쩌미 공부 시간표

	월	화	수	목	금
1					
2					
3					
4					
5					
6					
7					

MIN.MI

 사자성어 1

견원지간
犬 猿 之 間
개 **견**　원숭이 **원**　갈 **지**　사이 **간**

[한자 뜻] 개와 원숭이의 사이.
옛날 사람들은 개와 원숭이가 서로 사이가 좋지 않다고 생각했대요. 그래서 사이가 매우 나쁜 관계를 가리킬 때 '견원지간'이라는 말을 써요.

한 글자씩 또박또박 따라 써 보세요.

사자성어 2

다 다 익 선
多 多 益 善
많을 다　많을 다　더할 익　착할 선

[한자 뜻] 많으면 많을수록 더욱 좋음.
중국 한나라의 장수 한신이 자신은 병사의 수가 많을수록 잘 지휘할 수 있다고 한 말에서 유래한 사자성어예요. 아무래도 병사의 수가 적은 것보다는 많은 게 더 유리하겠죠?

한 글자씩 또박또박 따라 써 보세요.

다 정 다 감
多 情 多 感
많을 **다**　뜻 **정**　많을 **다**　느낄 **감**

[한자 뜻] 정이 많고 감정이 풍부함.
생각이 섬세하고 정이 많아서 다른 사람을 진심으로 배려하는 따뜻한 마음씨를 가진 사람을 표현할 때 '다정다감하다'고 말해요. 간단하게 '다정하다'고 말해도 의미가 비슷하지요.

한 글자씩 또박또박 따라 써 보세요.

다	정	다	감

多	情	多	感

동 문 서 답
東 問 西 答
동녘 **동**   물을 **문**   서녘 **서**   대답할 **답**

[한자 뜻] 동쪽을 묻는데 서쪽을 대답함.

질문을 이해하지 못하고 질문과 전혀 상관없는 엉뚱한 대답을 늘어놓는다는 뜻이에요. 동쪽에 관해 물었는데 서쪽에 관해 대답하면 물어본 사람은 참 난감하겠지요.

한 글자씩 또박또박 따라 써 보세요.

동	문	서	답
東	問	西	答

사자성어 5

동상이몽
同牀異夢

같을 **동**   평상 **상**   다를 **리/이**   꿈 **몽**

[한자 뜻] 같은 자리에서 자면서 다른 꿈을 꿈.

같은 침대에서 자더라도 꿈을 꿀 땐 모두 다른 꿈을 꾸지요. 이렇듯 겉으로는 같이 행동하면서도 속으로는 각각 딴생각을 하는 것을 뜻하는 사자성어가 바로 '동상이몽'이에요.

한 글자씩 또박또박 따라 써 보세요.

동 상 이 몽

同 牀 異 夢

사자성어 6

무용지물
無用之物
없을 **무**　쓸 **용**　갈 **지**　만물 **물**

[한자 뜻] 쓸모없는 물건이나 사람.

존재하지만 용도가 없는, 값어치를 못 하는 물건을 뜻하는 사자성어예요. 원래의 목적이 없어져서 다시 이용할 수 없는 것을 가리키는 말로, 부정적인 의미가 담겼지요.

한 글자씩 또박또박 따라 써 보세요

 사자성어 7

박장대소
拍掌大笑

손뼉칠 **박**　손바닥 **장**　큰 **대**　웃을 **소**

[한자 뜻] 손뼉을 치며 크게 웃음.
아주아주 웃기거나 재미있는 일이 있을 때는 손뼉을 치며 크게 웃기도 하죠. 이럴 때 쓰는 말이 바로 '박장대소'예요.

한 글자씩 또박또박 따라 써 보세요.

박 장 대 소

拍 掌 大 笑

사자성어 8

백발백중
百發百中

일백 **백**　필 **발**　일백 **백**　가운데 **중**

[한자 뜻] 백 번 쏘아 백 번 맞힘.
총이나 활 같은 것을 쏠 때마다 겨눈 곳에 다 맞는다는 뜻을 가진 사자성어로, 무슨 일이든지 틀림없이 잘 들어맞을 때 쓰는 말이에요.

한 글자씩 또박또박 따라 써 보세요.

백	발	백	중
百	發	百	中

애지중지
愛 之 重 之
사랑 **애**   갈 **지**   무거울 **중**   갈 **지**

[한자 뜻] 매우 사랑하고 소중히 여기는 모양.
부모님이 자식을 귀중히 여기고 돌보는 모습이나 자기가 아끼는 물건, 또는 비싸고 귀한 보물 등을 소중히 보관하는 모습을 가리킬 때 쓰는 말이에요.

한 글자씩 또박또박 따라 써 보세요.

애	지	중	지

愛	之	重	之

사자성어 10

역지사지
易地思之
바꿀 **역**   땅 **지**   생각 **사**   갈 **지**

[한자 뜻] 처지를 바꾸어서 생각하여 봄.
상대방의 입장에서 생각해 보고 이해하라는 뜻이 담긴 사자성어예요. 내 마음대로 생각하지 않고 다른 사람의 입장이 되어 본다면 조금 더 그 사람을 배려할 수 있겠지요?

한 글자씩 또박또박 따라 써 보세요.

사자성어 11

우왕좌왕
右往左往

오른쪽 **우**　갈 **왕**　왼쪽 **좌**　갈 **왕**

[한자 뜻] 오른쪽으로 갔다가 왼쪽으로 감.
나아갈 방향을 정하지 못해서 이리저리 왔다 갔다 하는 모습을 가리키는 말이에요. 갈 방향을 모르면 이쪽으로 갔다가 저쪽으로 갔다가 하며 헤맬 수밖에 없겠지요.

한 글자씩 또박또박 따라 써 보세요.

| 우 | 왕 | 좌 | 왕 |

| 右 | 往 | 左 | 往 |

| | | | |

유비무환
有備無患
있을 **유**   갖출 **비**   없을 **무**   근심 **환**

[한자 뜻] 미리 준비가 되어 있으면 걱정할 것이 없음.
어떤 어려운 일이 있어도 미리미리 준비를 잘해 두면 괜찮다는 뜻을 가진 사자성어예요. 어떤 일을 앞두고 걱정하거나 나중에 후회하기보다는 미리 준비하는 게 마음이 편하겠지요?

한 글자씩 또박또박 따라 써 보세요.

유	비	무	환
有	備	無	患

사자성어 13

유유상종
類類相從
무리 **류/유**　무리 **류/유**　서로 **상**　좇을 **종**

[한자 뜻] 같은 무리끼리 서로 사귐.
비슷한 성격이나 성품을 가진 사람들끼리 모이고 사귀는 모습을 가리키는 말이에요. 아무래도 성격이 정반대인 사람보다는 비슷한 사람과 어울리는 것이 더 자연스러운 경우가 많겠지요.

한 글자씩 또박또박 따라 써 보세요.

유	유	상	종
類	類	相	從

이구동성
異口同聲
다를 **리/이**　입 **구**　같을 **동**　소리 **성**

[한자 뜻] 입은 다르나 목소리는 같음.
여러 사람의 의견이 같을 때 '이구동성'이라는 표현을 써요. 사람마다 생각이 다른 경우는 많지만, 많은 사람이 똑같은 생각을 하며 같은 말을 하는 것은 드문 일이지요.

한 글자씩 또박또박 따라 써 보세요.

이열치열
以 熱 治 熱

써 **이** 더울 **열** 다스릴 **치** 더울 **열**

[한자 뜻] 열은 열로써 다스림.
열이 날 때에 땀을 더 내거나 뜨거운 차를 마시는 것처럼 더운 것으로 더운 것을 이겨 낸다는 뜻을 가진 사자성어예요. 상대방이 어떤 수단을 썼을 때 그것과 같은 방법으로 대응하는 것도 '이열치열'이라고 표현하지요.

한 글자씩 또박또박 따라 써 보세요.

사자성어 16

일석이조
一 石 二 鳥
하나 **일**　돌 **석**　두 **이**　새 **조**

[한자 뜻] 돌 한 개를 던져 새 두 마리를 잡음.
어떤 일을 하고 동시에 두 가지 이득을 볼 때 쓰는 말이에요. 한 가지 일을 했는데 이득이 두 가지나 생기면 기분이 무척 좋겠지요?

한 글자씩 또박또박 따라 써 보세요.

자문자답
自問自答
스스로 **자** 물을 **문** 스스로 **자** 대답할 **답**

[한자 뜻] 스스로 묻고 스스로 대답함.
질문을 할 때는 보통 상대방이 답을 해 주기를 바라지요. 그런데 질문을 한 다음 상대방의 답을 듣지 않고 스스로 대답하는 경우도 있어요. 이럴 때 '자문자답'이라는 표현을 써요.

한 글자씩 또박또박 따라 써 보세요.

자	문	자	답
自	問	自	答

자업자득
自業自得
스스로 **자** 업 **업** 스스로 **자** 얻을 **득**

[한자 뜻] 자기가 저지른 일의 결과를 자기가 받음.
자신이 저지른 일의 결과를 스스로 받아들인다는 뜻을 가진 사자성어로, 부정적인 의미를 담은 표현이에요. 좋지 않은 일을 하면 좋지 않은 결과를 얻을 수밖에 없다는 뜻이지요.

한 글자씩 또박또박 따라 써 보세요.

자포자기
自 暴 自 棄
스스로 **자** 사나울 **포** 스스로 **자** 버릴 **기**

[한자 뜻] 절망에 빠져 자신을 스스로 포기하고 돌아보지 않음.
어떤 일이 닥쳤을 때 노력하지 않고 미리 포기해 버린다는 뜻의 사자성어예요. 아직 결과가 나오지도 않았는데, 미리 결과가 나쁠 거라고 짐작하고 포기한다면 당연히 좋지 않은 결과를 얻을 수밖에 없겠지요.

한 글자씩 또박또박 따라 써 보세요.

자	포	자	기
自	暴	自	棄

사자성어 20

자화자찬
自畫自讚

스스로 **자**   그림 **화**   스스로 **자**   기릴 **찬**

[한자 뜻] 자기가 그린 그림을 스스로 칭찬함.
자기가 한 일을 자기가 자랑한다는 뜻을 가진 말이에요. 스스로를 자랑스러워하는 것은 좋지만 자아도취되어 지나치게 자랑하면 다른 사람들이 눈살을 찌푸릴지도 몰라요.

한 글자씩 또박또박 따라 써 보세요.

작심삼일
作心三日
지을 **작** 마음 **심** 석 **삼** 날 **일**

[한자 뜻] 단단히 먹은 마음이 사흘을 가지 못함.

결심한 일을 사흘밖에 지켜 내지 못하고 금방 포기해 버린다는 뜻을 담은 사자성어예요. 어떤 일을 '작심삼일'하지 않고 끝까지 이루려면 아주 굳은 마음가짐이 필요하겠지요?

한 글자씩 또박또박 따라 써 보세요.

사자성어 22

지피지기
知 彼 知 己
알 **지**   저 **피**   알 **지**   몸 기

[한자 뜻] 적의 사정과 나의 사정을 자세히 앎.

적과 나의 약점과 강점을 충분히 안다면 적을 상대할 때도 두렵지 않겠지요? '지피지기'는 '백전백승'이라는 말과 같이 쓰는 경우가 많아요. '지피지기면 백전백승이다'라는 표현에는 적과 나를 잘 알면 백 번을 싸워도 백 번 다 이길 수 있다는 뜻이 있지요.

한 글자씩 또박또박 따라 써 보세요.

만장일치
滿場一致
찰 **만**　마당 **장**　하나 **일**　이를 **치**

[한자 뜻] 모든 사람의 의견이 같음.
어떤 결정을 할 때 사람들은 질문을 하거나 투표를 통해 의견을 모으지요. 이럴 때 다른 의견 없이 모든 사람의 뜻이 같은 상황을 '만장일치'라고 해요.

한 글자씩 또박또박 따라 써 보세요.

만	장	일	치
滿	場	一	致

사자성어 24

묵묵부답
默默不答

잠잠할 **묵** 잠잠할 **묵** 아닐 **불/부** 대답할 **답**

[한자 뜻] 묻는 말에 입을 다문 채 대답이 없음.
질문을 했을 때 침묵하고 대답하지 않는 것도 '대답을 하고 싶지 않다'는 답이 될 수 있겠지요. 질문한 사람은 좀 답답하겠지만요.

한 글자씩 또박또박 따라 써 보세요.

사자성어 25

사면초가
四面楚歌

넉 **사**　　낯 **면**　가시나무/초나라 **초**　노래 **가**

[한자 뜻] 사방에서 초나라의 노래가 들림.
초나라 항우가 사방을 에워싼 한나라 군대 안에서 초나라의 노랫소리를 듣고 초나라 군사가 이미 항복한 줄 알고 놀랐다는 데서 유래하는 사자성어예요. 아무에게도 도움을 받지 못하는, 외롭고 곤란한 상황을 표현하는 말이지요.

한 글자씩 또박또박 따라 써 보세요.

사	면	초	가

四	面	楚	歌

사자성어 26

산해진미
山海珍味
메 **산**   바다 **해**   보배 **진**   맛 **미**

[한자 뜻] 산과 바다에서 나는 귀하고 값진 음식.

산과 바다에서 나는 음식뿐만 아니라, 온 세상에서 나는 진귀하고 값진 음식을 가리키는 말이에요. 귀한 재료로 만들어서 접하기 어렵고 아주 맛이 있는 음식을 '산해진미'라고 하지요.

한 글자씩 또박또박 따라 써 보세요.

사자성어 27

소탐대실
小貪大失
작을 **소** 탐할 **탐** 큰 대 잃을 **실**

[한자 뜻] 작은 것을 탐하다가 큰 것을 잃음.

어떤 것에 욕심을 내다가 오히려 더 많은 것을 잃어 본 적이 있나요? 욕심 때문에 이런 어리석은 행동을 해서 손해를 보는 상황을 '소탐대실'이라고 해요.

한 글자씩 또박또박 따라 써 보세요.

소	탐	대	실
小	貪	大	失

사자성어 28

시시비비
是 是 非 非
옳을 **시** 옳을 **시** 아닐 **비** 아닐 **비**

[한자 뜻] 여러 가지의 잘잘못.
어떤 상황에서 무엇이 옳은지 그른지 판단하려 할 때 '시시비비'라는 말을 써요. 하지만 세상에는 옳고 그름이 명확하지 않아 '시시비비'를 가려내는 것이 어려운 경우가 많답니다.

한 글자씩 또박또박 따라 써 보세요.

사자성어 29

용두사미
龍頭蛇尾

용 **룡/용**　머리 **두**　뱀 **사**　꼬리 **미**

[한자 뜻] 용의 머리와 뱀의 꼬리.
시작은 용의 머리처럼 대단하지만 끝은 뱀의 꼬리처럼 보잘것없다는 뜻이에요. 시작할 때는 좋았지만 갈수록 나빠지는 것을 가리킬 때 쓰는 말이지요.

한 글자씩 또박또박 따라 써 보세요.

용	두	사	미

龍	頭	蛇	尾

인과응보
因果應報
인할 **인**　열매 **과**　응할 **응**　갚을 **보**

[한자 뜻] 원인과 결과는 서로 관련이 있음.
전생에 죄를 지었으면 현재 불행한 삶을 살게 되지만, 전생에 선행을 베풀었으면 현재 행복한 삶을 산다는 뜻의 사자성어예요. 즉, 어떻게 살았느냐에 따라 자신의 삶이 달라진다는 뜻이지요.

한 글자씩 또박또박 따라 써 보세요.

사자성어 31

일사천리
一瀉千里

하나 **일** 쏟을 **사** 일천 **천** 마을 **리**

[한자 뜻] 강물이 빨리 흘러서 금세 천 리를 감.

천 리는 약 400km 정도로, 아주 먼 거리를 뜻하는 말이에요. 강물이 금세 천 리를 간다면 정말 빠르게 흘러간 거겠지요? 이렇게 어떤 일이 거침없이 빠르게 진행될 때 '일사천리'라는 말을 써요.

한 글자씩 또박또박 따라 써 보세요.

| 일 | 사 | 천 | 리 |

| 一 | 瀉 | 千 | 里 |

| | | | |

사자성어 32

전전긍긍
戰戰兢兢
싸울 전 싸울 전 조심할 긍 조심할 긍

[한자 뜻] 몹시 두려워서 벌벌 떨며 조심함.
'전전'은 겁을 먹고 벌벌 떠는 것을, '긍긍'은 조심스럽게 몸을 움츠리는 것을 의미해요. 즉 '전전긍긍'은 두려워하거나 긴장하여 조심스럽게 행동하는 모습을 뜻하는 말이지요.

한 글자씩 또박또박 따라 써 보세요.

전	전	긍	긍
戰	戰	兢	兢

사자성어 33

전화위복
轉禍爲福

구를 **전**   재앙 **화**   할 **위**   복 **복**

[한자 뜻] 재앙과 근심, 걱정이 바뀌어 오히려 복이 됨.
안 좋은 일이 일어났지만 열심히 노력했더니 오히려 그것이 더 좋은 일로 변하는 상황을 '전화위복'이라고 해요. 그러니까 나쁜 일이 일어나도 포기하지 말고 끝까지 최선을 다해야겠지요?

한 글자씩 또박또박 따라 써 보세요.

| 전 | 화 | 위 | 복 |

| 轉 | 禍 | 爲 | 福 |

| | | | |

사자성어 34

천고마비
天高馬肥
하늘 **천** 높을 **고** 말 **마** 살찔 **비**

[한자 뜻] 하늘이 높고 말이 살찜.
가을이 되면 하늘이 높고 푸르며 곡식이 무르익지요. 그래서 말도 살이 찔 정도로 먹을 것이 풍성해져요. 이런 가을의 풍요로움을 잘 나타내는 사자성어가 바로 '천고마비'예요.

한 글자씩 또박또박 따라 써 보세요.

사자성어 35

춘하추동
春 夏 秋 冬
봄 **춘**   여름 **하**   가을 **추**   겨울 **동**

[한자 뜻] 봄, 여름, 가을, 겨울의 네 계절.
계절을 뜻하는 한자가 모두 모여 사계절, 즉 일 년을 뜻하는 말이에요. 봄, 여름, 가을, 겨울 중 여러분이 가장 좋아하는 계절은 무엇인가요?

한 글자씩 또박또박 따라 써 보세요.

칠전팔기
七顚八起
일곱 **칠** 머리/넘어질 **전** 여덟 **팔** 일어날 **기**

[한자 뜻] 일곱 번 넘어지고 여덟 번 일어남.
여러 번 실패해도 포기하지 않고 계속 노력하는 모습을 표현한 사자성어예요. 쉽게 좌절하지 않고 끈기 있게 도전한다면, 언젠가는 원하는 것을 이룰 수 있겠지요?

한 글자씩 또박또박 따라 써 보세요.

환골탈태
換骨奪胎
바꿀 **환** 뼈 **골** 빼앗을 **탈** 아이 밸 **태**

[한자 뜻] 뼈를 바꾸고 태를 벗음.
뼈를 바꾸고 태를 벗으면 완전히 새로운 사람이 되겠지요? 이렇게 어떤 사람이 더 나은 방향으로 변해서 전혀 딴사람이 되었을 때 '환골탈태'라는 말을 써요.

한 글자씩 또박또박 따라 써 보세요.

| 환 | 골 | 탈 | 태 |

| 換 | 骨 | 奪 | 胎 |

| | | | |

감언이설
甘言利說
달 **감**   말씀 **언**   이로울 **리/이**   말씀 **설**

[한자 뜻] 달콤한 말과 이로운 말.
상대방을 현혹시키려고 달콤한 말과 이득이 될 만한 말로 속인다는 뜻이에요. 그러니 듣기 좋은 말만 하는 사람은 항상 조심해야겠지요.

한 글자씩 또박또박 따라 써 보세요.

사자성어 39

개과천선
改過遷善
고칠 **개**　지날 **과**　옮길 **천**　착할 **선**

[한자 뜻] 지난날의 잘못이나 허물을 고쳐 올바르고 착하게 됨.

누구나 잘못을 할 수 있지요. 하지만 중요한 것은 앞으로 어떻게 살아가느냐가 아닐까요? 잘못을 저질렀어도 반성하고 그것을 고쳐 더 나은 사람이 되는 것, 이게 바로 '개과천선'이에요.

한 글자씩 또박또박 따라 써 보세요.

개	과	천	선
改	過	遷	善

사자성어 40

견물생심
見 物 生 心
볼 **견**　만물 **물**　날 **생**　마음 **심**

[한자 뜻] 어떠한 물건을 실제로 보게 되면 그것을 가지고 싶은 마음이 생김.
어떤 물건을 보자마자 욕심이 생겼던 적이 있나요? '견물생심'은 이럴 때 쓰는 말이에요. 욕심이 생기지 않게 경계하고 절제하는 마음을 가지라는 교훈을 담은 사자성어이지요.

한 글자씩 또박또박 따라 써 보세요.

과유불급
過猶不及

지날 **과** 원숭이 **유** 아닐 **불** 미칠 **급**

[한자 뜻] 정도를 지나침은 미치지 못함과 같음.

어떤 일을 할 때 욕심을 부리게 되는 경우가 있지요. 하지만 지나친 것은 결국 부족한 것과 마찬가지로 좋지 않아요. 뭐든지 딱 적당한 정도로 하는 게 중요하답니다.

한 글자씩 또박또박 따라 써 보세요.

금상첨화
錦上添花
비단 **금**　위 **상**　더할 **첨**　꽃 **화**

[한자 뜻] 비단 위에 꽃을 더함.
비단도 좋은데, 거기에다 꽃까지 더한다니 얼마나 좋을까요? '금상첨화'는 좋은 일 위에 또 좋은 일이 더해져서 아주 좋다는 뜻을 가진 사자성어예요.

한 글자씩 또박또박 따라 써 보세요.

금	상	첨	화

錦	上	添	花

사자성어 43

동고동락
同苦同樂
같을 **동**   괴로울 **고**   같을 **동**   즐길 **락**

[한자 뜻] 괴로움도 즐거움도 함께함.
살다 보면 괴로운 일이 일어날 때도 있고, 반대로 즐거운 일이 생길 수도 있지요. 괴롭거나 즐겁거나 어떤 상황에서도 한결같이 함께하는 사이를 '동고동락'하는 사이라고 말해요.

한 글자씩 또박또박 따라 써 보세요.

동	고	동	락

同	苦	同	樂

설 상 가 상
雪 上 加 霜
눈 **설**　위 **상**　더할 **가**　서리 **상**

[한자 뜻] 눈 위에 서리가 덮임.

눈길 위에 서리가 덮이면 길이 더욱 미끄러워지겠지요? 이렇듯 곤란한 일이 일어났는데 연달아서 또 난처한 일이 생긴 상황을 '설상가상'이라고 해요.

한 글자씩 또박또박 따라 써 보세요.

사자성어 45

속수무책
束手無策
묶을 **속** 손 **수** 없을 **무** 꾀 **책**

[한자 뜻] 손이 묶인 것처럼 꼼짝 못 함.
손이 묶이면 할 수 있는 일이 줄어들어서 답답하겠지요. 이렇듯 손이 묶인 것처럼 무언가를 해결할 방법이 없어 답답한 상황을 '속수무책'이라고 해요.

한 글자씩 또박또박 따라 써 보세요.

속 수 무 책

束 手 無 策

사자성어 46

일취월장
日就月將

날 **일**   나아갈 **취**   달 **월**   장수 **장**

[한자 뜻] 날마다 이루고, 달마다 달성함.
끊임없이 노력하여 매일매일 성장하고 발전하는 것을 '일취월장'이라고 해요. 여러분도 매일 조금씩 공부하면 사자성어의 달인이 될 수 있을 거예요.

한 글자씩 또박또박 따라 써 보세요.

일편단심
一 片 丹 心
하나 **일**　조각 **편**　붉을 **단**　마음 **심**

[한자 뜻] 한 조각의 붉은 마음.
진심에서 우러나와 변하지 않는 마음을 가리키는 말이에요. 어떤 사람만을 진심으로 좋아하거나 다른 것에 흔들리지 않고 한 사람에게만 충성할 때 '일편단심'이라는 말을 써요.

한 글자씩 또박또박 따라 써 보세요.

일 편 단 심

一 片 丹 心

장유유서
長幼有序
길 **장** 어릴 **유** 있을 **유** 차례 **서**

[한자 뜻] 어른과 어린이 사이에는 엄격한 차례가 있고 지켜야 할 질서가 있음. 유교의 기본 윤리 중 하나예요. 어린이는 어른을 손윗사람으로 공경해야 하며, 어른은 어린이를 보살피고 가르쳐야 한다는 뜻을 담은 말이지요.

한 글자씩 또박또박 따라 써 보세요.

전광석화
電光石火
번개 **전** 빛 **광** 돌 **석** 불 **화**

[한자 뜻] 번갯불이나 부싯돌의 불이 번쩍거리는 것.
번갯불이나 부싯돌의 불이 번쩍거리는 것처럼 매우 짧은 시간에 일어나는 일이나, 그만큼 재빠르게 움직이는 것을 비유적으로 표현한 말이 바로 '전광석화'예요.

한 글자씩 또박또박 따라 써 보세요.

| 전 | 광 | 석 | 화 |

| 電 | 光 | 石 | 火 |

| | | | |

화룡점정
畫龍點睛

그림 **화**   용 **룡**   점찍을 **점**   눈동자 **정**

[한자 뜻] 용 그림을 그린 뒤 눈동자에 점을 찍음.
무슨 일을 하는 데에 가장 중요한 부분을 완성하는 것을 비유적으로 이르는 말이에요. 용을 그리고 난 뒤에 마지막으로 눈동자를 그려 넣었더니 그 용이 실제 용이 되어 구름을 타고 하늘로 날아갔다는 고사에서 유래하는 사자성어이지요.

한 글자씩 또박또박 따라 써 보세요.